幼儿园保育教育质量
评价指导手册

主编　韩秀云　蒋铁菁

- 2015年广东省基础教育课程改革研究项目“幼儿园教育质量评价体系研究”成果
- 2020年广东省学前教育“新课程”科学保教示范项目“区域幼儿园课程质量系统提升项目”资助
- 2021年广东省教育教学成果奖（基础教育类）一等奖

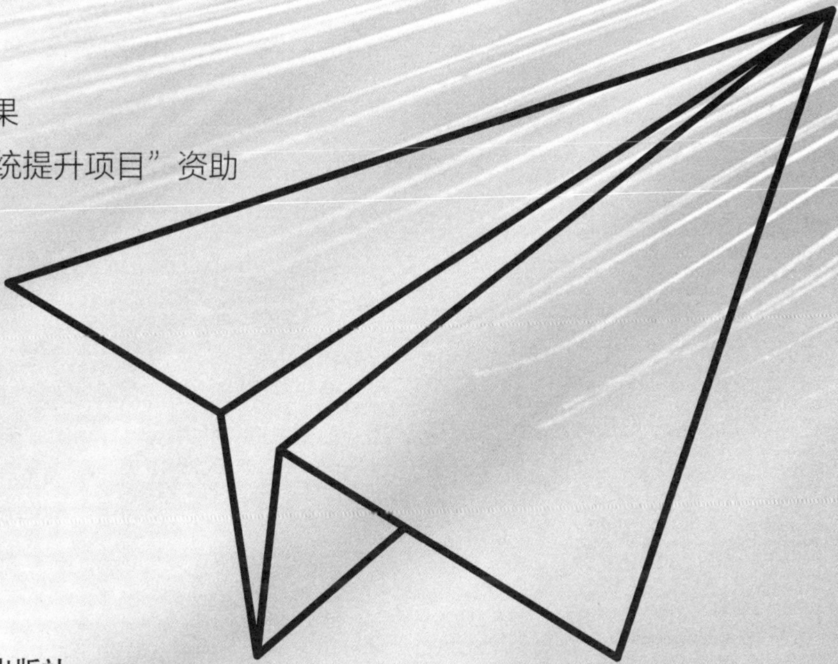

南方传媒
全国优秀出版社
全国百佳图书出版单位
广东教育出版社
·广州·

图书在版编目（CIP）数据

幼儿园保育教育质量评价指导手册 / 韩秀云，蒋轶菁主编．— 广州：广东教育出版社，2022.8（2025.2 重印）
ISBN 978-7-5548-5019-0

Ⅰ．①幼…　Ⅱ．①韩…　②蒋…　Ⅲ．①幼儿园—教育工作—教育评估—手册　Ⅳ．①G617-62

中国版本图书馆 CIP 数据核字（2022）第 132326 号

出 版 人：朱文清
策划编辑：林检妹
责任编辑：梁淑娴　刘　辉
责任技编：杨启承　朱晓宇
责任校对：林晓珊
装帧设计：邓君豪

幼儿园保育教育质量评价指导手册
YOU'ERYUAN BAOYU JIAOYU ZHILIANG PINGJIA ZHIDAO SHOUCE
广东教育出版社出版发行
（广州市环市东路 472 号 12—15 楼）
邮政编码：510075
网址：http://www.gjs.cn
广东新华发行集团股份有限公司经销
广州市岭美文化科技有限公司印刷
（广州市荔湾区花地大道南海南工商贸易区 A 幢）
890 毫米×1240 毫米　16 开本　4.25 印张　87 000 字
2022 年 8 月第 1 版　2025 年 2 月第 4 次印刷
ISBN 978-7-5548-5019-0
定价：48.00 元
质量监督电话：020-87613102　邮箱：gjs-quality@nfcb.com.cn
购书咨询电话：020-87772438

编委会

前　言

教育评价是建设高质量教育体系的重要组成部分，是教育改革发展的“指挥棒”，事关教育发展方向。中共中央、国务院印发的《深化新时代教育评价改革总体方案》及教育部印发的《幼儿园保育教育质量评估指南》，均提出各地要结合实际，完善以促进幼儿身心健康发展为导向的学前教育质量评估体系，编制本地区幼儿园质量评估具体标准及评估手册，推动树立科学保育教育理念，全面提高幼儿园保育教育水平，为培养德智体美劳全面发展的社会主义建设者和接班人奠定坚实基础。

一、《幼儿园保育教育质量评价指导手册》的编制

（一）编制历程

广州市番禺区自2011年实施第一期学前教育三年行动计划起，即实施涵盖全区幼儿园的保教质量分级量化考核工作，以期通过对幼儿园保教质量的综合评价来促进区域学前教育质量的提升。从2011年起，我区以《番禺区幼儿园保教质量分级量化考核指标（试行）》作为幼儿园保教工作的质量评价工具，对幼儿园的保教工作实行分期分批考核，并根据评价的结果对优秀幼儿园的教职工进行奖励。在应用综合评价体系促进区域学前教育质量提升的实践中，取得了令人瞩目的成果：番禺区是国家及广东省学前教育改革发展实验区，2021年，番禺区成为全国七个地区代表之一亮相学前教育宣传月，质量评价项目获得广东省教育教学成果奖（基础教育类）一等奖，并获《中国教育报》等多家媒体专题报道。全区幼儿园354所，规范化以上园所占96.02%，省市级园占全市四分之一，初步形成学前教育高质量发展的“番禺模式”。

截止到2021年，经过三轮共十年的实践充分说明，应用科学的评价工具对幼儿园进行评价，既可以发挥导向作用，也可以有效促进幼儿园提升保教质量。《幼儿园保育教育质量评价指导手册》（以下简称量表）既重视结构性指标，又重视过程性指标，它通过量化结构性指标，聚焦班级观察评价，特别是课程方面的多个因素，希望能进一步提升幼儿园的保教质量。迄今为止，该量表已历经四次改版。2011年，第一版《番禺区幼儿园保教质量分级量化考核指标（试行）》研制完成；2016年，结合广东省基础教育课程改革研究项目“幼儿园教育质量评价体系研究”的要求，我们在北师大刘焱教授团队的指导下，结合《中国幼儿园教育质量评价量表》，对第一版《番禺区幼儿园保教质量分级量化考核指标（试行）》进行了修订，形成了适用范围更广的第二版《番禺区幼儿园保教质量分级量化考核指标》。2018年以来，我区学前教育快速发展，从以往关注硬件设施、规范管理，转向了关注课程质量、幼儿发展及教师的专业成长。同时，为配合教育部

的幼儿园办园行为督导及广州市教育局对于幼儿园保教质量监测工作的开展，更好地反映和评价幼儿园保教质量，通过评价改善和提升幼儿园保教质量，自2020年起，我们在前两版量表的研究基础上，结合《3－6岁儿童学习与发展指南》《广东省幼儿园一日活动指引（试行）》及《中国幼儿园教育质量评价量表》再次修订评价量表，形成了我区第三版的幼儿园保教质量评价量表，即《番禺区幼儿园教育质量评价量表》。2022年2月，又结合教育部《幼儿园保育教育质量评估指南》的要求，对量表进一步完善，使之更符合国家政策导向和要求，最终形成第四版的《幼儿园保育教育质量评价指导手册》。

（二）编制依据

《幼儿园保育教育质量评价指导手册》是以《幼儿园教育指导纲要（试行）》（2001）、《幼儿园教职工配备标准（暂行）》（2013）、《幼儿园教师专业标准（试行）》（2012）、《3－6岁儿童学习与发展指南》（2012）、《幼儿园工作规程》（2016）、《广东省幼儿园一日活动指引（试行）》（2015）、《中国幼儿园教育质量评价量表》（2019）、《义务教育质量评价指南》（2021）、《广州市幼儿园课程指南（试行）》（2021）、《幼儿园保育教育质量评估指南》（2022）等为指导，通过整合国家、广东省及广州市教育行政部门对于幼儿园保育教育质量评估的要求，所编制的涵盖幼儿园结构质量、过程质量及结果质量的全面细致的评价指标体系。

（三）编制原则

在运用《幼儿园保育教育质量评价指导手册》对幼儿园保教质量进行评价的过程中，我们始终坚持以下原则：一是坚持正确的方向。全面贯彻党的教育方针和办学方向，以社会主义办园方向及社会主义核心价值观为引领，践行为党育人、为国育才使命，整体提升幼儿园办园水平和保育教育质量。二是坚持以幼儿为本。始终以幼儿为中心，尊重幼儿的年龄特点和成长规律，注重幼儿发展的整体性和连续性，坚持保教结合，以游戏为基本活动，有效促进幼儿身心健康发展。三是坚持问题导向，科学循证评价。完善评价内容，突出评价重点，改进评价方法，统筹整合评价，着力克服“重结果、轻过程”倾向。四是坚持以评促建，以评促教。坚持实事求是、客观公正，强化过程性评价和发展性评价，有效发挥引导、诊断、改进、激励功能，引导办好每一所幼儿园，促进幼儿园安全优质发展，从而推动学前教育优质均衡发展。五是注重系统性。幼儿园教育质量评价涉及幼儿园管理者及教师多元主体、结构质量和过程质量多个维度、一日生活多个环节。各主体和维度之间以幼儿发展为基础，彼此协调、相互衔接，构成了系统的评价体系。六是体现统一性。综合各级各类幼儿园的教育方针和指引，着力整合各类考核评价项目，减少多头评价，避免重复评价。

（四）编制结构及内容

《幼儿园保育教育质量评价指导手册》从内容上可以分为结构

质量（包括物质环境、班级规模与师幼比、教师队伍等）、过程质量（包括学习环境、师幼关系、游戏、课程等）和结果质量（即幼儿的生活体验、身心发展等）三部分。结构质量和过程质量相互作用，共同影响幼儿的在园生活、学习和发展。结构质量体现园所的办园条件，为幼儿园教育教学提供了基本的物质保障；过程质量影响幼儿在园的生活体验、学习经验和发展，是影响幼儿园保教质量的核心要素。要办高质量的幼儿园，既要重视结构质量，也要重视过程质量。只有两者相互有机结合，才能有高质量的结果质量。因此，本量表考查的幼儿园保教质量包括静态的结构质量和动态的过程质量两部分内容，同时部分指标直接指向结果质量即幼儿的生活体验和身心发展。

该量表共有九个子量表，含 120 个指标。其中结构性指标包含子量表一至四，以及子量表五中的公共环境部分，共 37 个指标，占比为 30.8%；过程性指标包含子量表五中的班级环境及子量表六至九，共 83 个指标，占比 69.2%。结构性指标与过程性指标之间的比例基本达到 3∶7，过程性指标的比重达七成，旨在以评促建，以评促教，实现对教育结构质量、过程质量的整体引领。

该量表分为以下九个子量表：

1. 事业管理与发展。从事业管理、园所发展与特色、家长与社区工作三个方面评价幼儿园的行政管理效益，共 10 个指标，旨在促进幼儿园贯彻落实党的教育方针政策，明确办园目标方向，坚持科学保教理念，完善课程建设与特色发展，家长与社区协同育人。

2. 规模与师幼比。子量表从园所规模、班级人数与师幼比两个方面采集数据，共 4 个指标，旨在促进幼儿园按照政策法规规范办园，科学合理配置资源，保证人员配备合理。

3. 教师队伍建设。子量表从教师队伍结构、教师福利待遇、教师队伍建设三个方面采集数据，共 10 个指标，旨在提高园长专业领导力，促进幼儿园加强师德工作，采取有效措施重视教师培训与发展，激励教师并稳定教师队伍结构。

4. 安全保健卫生与膳食管理。从安全及膳食管理、保健卫生与幼儿身体发展两个方面采集数据，共 4 个指标，旨在保证幼儿的安全、身体健康及全面发展。

5. 环境创设与利用。从公共环境、班级物质环境和班级心理环境三个方面采集数据，共 30 个指标，旨在促进幼儿园公共及班级环境布局合理，积极创设有利于幼儿学习与探索的教育环境，同时营造具有安全感、归属感的环境氛围。

6. 生活活动的组织与实施。从作息制度、入园、进餐、饮水、盥洗、睡眠、离园和过渡环节八个方面采集数据，共 28 个指标，旨在保证科学、有序地安排幼儿一日生活的各个环节，同时在各环节利用教育契机，培养幼儿良好的生活与学习习惯。

7. 体育活动的组织与实施。从体育集体活动、自选活动、操节三个方面采集数据，共 10 个指标，旨在通过开展各种形式的体育活动，增强幼儿的运动能力和环境适应能力，保证幼儿形成健康的体魄、愉快的情绪。

8. 自主游戏活动的支持与指导。从自主活动环境、自主活动材料、观察指导与评价三个方面采集数据，共11个指标，旨在满足幼儿的个体需要，促进幼儿在自发、自主、自由的活动中发展各种学习品质。

9. 学习活动的组织与实施。从活动准备、活动实施、活动评价三个方面采集数据，共13个指标，旨在指导教师有目的、有计划地引导幼儿通过直接感知、实际操作和亲身体验获取经验。

我们通过对番禺区167所幼儿园的实地观察，共获得98个班级数据样本，采用克隆巴赫系数在总量表和子量表层面分别考查了该量表的内部一致性。结果表明，事业管理与发展、规模与师幼比、教师队伍建设、安全保健卫生与膳食管理四个子量表的克隆巴赫系数分别为0.895、0.729、0.768、0.725，环境创设与利用、生活活动的组织与实施、体育活动的组织与实施、自主游戏活动的支持与指导、学习活动的组织与实施五个子量表的克隆巴赫系数分别为0.929、0.934、0.854、0.918、0.930，均超过了0.9，表明各子量表的内部一致性较高；总量表的克隆巴赫系数为0.975，显示出良好的信度，表明总量表达到了合理的内部一致性，结果可靠性较高。

二、评价指导手册的使用

（一）评价的组织与实施

1. 重视幼儿园保育教育质量评估工作。《幼儿园保育教育质量评价指导手册》内容涵盖幼儿园工作的方方面面，需要各单位各部门高度重视幼儿园保育教育质量评估工作，支持幼儿园定期开展保育教育质量评价。幼儿园也应该充分认识保育教育评价的重要意义，在积极开展自我评价的同时，配合做好各级各类外部评价，通过外部评价，促进内在驱动，实现以保育教育评价促进幼儿园发展的目的。

2. 确定评估周期。建议班级每学期开展一次自我评价；幼儿园每学年组织教研骨干对每个班级开展一次园内评价；教育管理部门每三年至少开展一次面向所有幼儿园的保育教育质量评价，确保三年内覆盖所有幼儿园。

3. 为评价顺利开展提供必要保障。幼儿园保育教育质量评价是一项专业性非常强的工作，尤其是聚焦班级观察的评价，需要人、财、物的充分支持：首先，教育行政部门及幼儿园、保教人员要重视这项工作，定期安排时间开展；其次，需要提供一定的经费支持，包括人员培训、交通劳务、数据统计分析等，以支持评估工作的持续开展；最后，要注重评价队伍的建设，评价人员既要不断学习学前教育专业知识、及时掌握国家政策法规，同时也要加强对《幼儿园保育教育质量评价指导手册》的学习，做到熟练运用，了然于心，方能通过评价，不断提高保育教育水平。

4. 善用评价结果。幼儿园保育教育质量评价是为了发现保教工作中的优点和存在的问题。对于评价得分高、质量高的幼儿园和班级，可以进行适当的表彰奖励，成为班级评优评先的主要依据，积极推动班级教师提高保育教育质量。利用本量表开展的保育教育质量评价结果，还可作为教育管理部门进行资源配置、园长考核以及民办园年检、普惠性民办园认定扶持等方面工作的重要依据。而对于得分低、质量差的幼儿园，需要根据评价中发现的问题，督促整改，开展有针对性的持续培训和教研，促进园所保教质量的提升。

5. 强调自我评价和提升。《幼儿园保育教育质量评价指导手册》的目标是为幼儿园提供不在场的专家指引，帮助幼儿园依据评估内容建立常态化的自我评估和教研机制，通过开展评价、诊断、培训、教研、改善、提升的良性循环，促进教职工主动参与，发挥内部评估的积极作用，引导幼儿园反思自身的不足和优势，从而不断完善自身，改善园所的保教质量。

（二）评价工具应用及计分方式

1. 评价时间：《幼儿园保育教育质量评价指导手册》涵盖的时间维度为幼儿在园一天的学习生活各个环节，所以原则上应该要对所评价的幼儿园或班级进行为期一天的考察，数据采集时间为上午8：00至下午5：00。若只进行半日考核，上午数据采集时间为8：00至11：30，离园环节的数据无须采集，分值在总分中扣除10分；下午数据采集时间为2：00至5：00，入园环节的数据无须采集，分值在总分中扣除20分。

2. 评价方式：现场观测、访谈与资料取证相结合，具体信息采集方法见附表。结构性指标可通过查阅资料与现场观测、访谈采集数据；过程性指标必须通过现场观测采集数据，要求评价人员深入班级观测，聚焦班级一日活动，持续在一个班级采集数据。

3. 评价工具：评价人员须充分熟悉《幼儿园保育教育质量评价指导手册》，进入班级进行评价时，建议携带量表和电子设备（如手机等），通过查阅资料和现场观测，评价幼儿在园各个环节的活动过程，根据指标进行打分。评价人员依据所见所闻实行实证评价，在评价过程中利用评价指标及相机做好评价资料记录，依据观测结果和评价图片资料来撰写反馈报告。

4. 评价主体：《幼儿园保育教育质量评价指导手册》是广州市番禺区学前教育实践发展的重要成果，历经多年研发而成，在番禺区多个幼儿园广泛使用并发挥了应有的作用，具有较强的引领性和可操作性，适合广东省乃至全国各地的幼儿园用于开展保育教育质量的评价与监测，也可用于幼儿园管理者或保教人员的自我评价、教育行政管理部门对幼儿园进行的质量管理与监测和教科研机构的幼儿园质量评价研究。

评价人员使用本评价指导手册对幼儿园保育教育质量进行评价诊断，是一项专业性较强的工作。建议使用者在使用前参加关于本评价指导手册的专门培训，理解和掌握评价指导手册的价值取向、评分要点和标准，通过现场实际操作和练习掌握评价技能，以便作出客观准确的评价。在不同的评价主体开展评价工作时，其操作要点如下：

（1）教育管理部门

教育管理部门可通过使用量表，促进区域内幼儿园教育质量提升。可统筹经专业培训的测评人员进入幼儿园进行测评，测评人员人数建议为9~12人。如8个班以下的幼儿园，测评人员为9人，3人一组进行测评，其中结构性指标1组（1人必须为保健医生），过程性指标2组，分别进入中、大班两个班级采集数据；9个班以上的幼儿园，测评人员为12人，分4组，其中结构性指标1组（1人必须为保健医生），过程性指标3组，分别进入小、中、大班三个班级采集数据。过程性指标数据采集应3人同时进入班级观察并打分。数据采集结束，评价小组需要进行讨论、合议，得出评价结果，形成初步反馈意见，重点要提出幼儿园存在的问题及改进建议，当天进行口头反馈，后续撰写反馈整改报告。

区域教育管理部门可以在全面评价幼儿园保育教育质量的基础上，开展区域保育教育质量数据统计分析，依据分析结果制定决策。

（2）幼儿园保教管理干部

在幼儿园层面，园长同样可以组织园内教学主管、骨干教师或部门负责人运用量表进行园所保育教育质量的自我评价。同样聚焦班级观察，评价小组建议至少由3人组成，需同时进入一个班级采集一天或半天的数据，结构性指标可共同核查，重点采集过程性指标。数据采集结束，评价小组需要进行讨论、合议，得出评价结果，形成初步反馈意见，并根据在班级观察一天或半天的过程中发现的主要问题与带班教师进行讨论和反馈，提出改进建议。通过这个过程，转变教师观念，帮助教师找到保育教育活动中影响质量的问题和改进的方法，从班级开始提升保教质量。

幼儿园保教管理干部可以在全面评价各班保育教育质量的基础上，开展数据统计分析，依据分析评价结果，开展有针对性的园内教研及培训活动。

（3）班级教师

作为班级教师，可依据量表对班级的过程性指标进行自评，主要依据子量表五环境创设与利用中的班级环境及子量表六至九，共83个指标进行自查，并通过自查发现问题，从而持续提升保教质量。

5. 评价结果：每个质量指标分为五个等级——1是不适宜，2是及格，3是一般，4是良好，5是优秀。

如果在测评当天，个别指标无法采集到数据（比如没有安排体育活动、集体活动或户外活动）则不打分，但应该在一日生活作息安排中考评其科学性、合理性。

凡是打分等级为不适宜（1）或优秀（5）的，需要有图像资料或特例作为评价依据。凡是牵涉安全隐患的指标不达标则打分等级均为1，并向幼儿园提出明确的整改意见。

幼儿园测评得分总分除以600就是该园所的最后得分，分值在0~1之间，得分越高则表明该幼儿园整体水平越好。依据最后得分将考核等级界定为：0~0.2不适宜，0.2~0.4及格，0.4~0.6一般，0.6~0.8良好，0.8~1优秀。

若同时评价多位教师，可设教师1、教师2、教师3进行观测。

附件：信息采集方法表

信息采集方法表

指标	信息采集方法			备注
	查阅资料	现场观测	现场访谈	
1～10	√			
11～24	√	√	√	除查阅相关资料外，还可对相关人员进行访谈，询问相关指标的实际情况，或通过现场观测核实情况。
25～28	√		√	应查阅园所相关制度及幼儿身体发展数据，同时对园所保健医生等相关人员进行访谈。
29～34		√		从园所空间规划、器械设施、材料提供等方面考虑安全性和适宜性，以及其能否满足幼儿全面发展。
35	√	√	√	观测教师专业发展的支持情况，以及教师办公环境情况。
36～37		√		
38		√		
39	√	√		
40～41		√		
42～47		√		现场观测是否有指标包含的六个区域，若缺少其中某个区域，则不对该区域进行评分。
48～50		√		
51～52	√	√		
53～58		√		现场观测幼幼之间、师幼之间，以及教师之间的交流互动是否和谐友爱、轻松愉快，班级内是否有形成良好的心理环境和氛围。
59～60		√		观测当天一日生活开始和结束的时间，教师的组织情况和幼儿的表现。
61		√		
62	√	√		
63～65		√		
66～72		√		所有的进餐环节都应参照此部分指标进行综合性评价。一是观测教师是否做好进餐的个人及环境卫生工作；二是观测教师是否根据幼儿的年龄特点，组织适宜的进餐活动；三是观测幼儿的进餐氛围和教师对幼儿的进餐指导情况。
73～74		√		
75～79		√		观测是否在盥洗的各个环节，能保证环境、幼儿等的安全卫生以及教师指导的规范性。
80～83	√	√		要对睡前准备、入睡看护、起床整理的全过程进行观测。
84～85		√		
86		√		一日活动中不同环节之间的过渡都应参考此条指标，体现一日活动组织的教育性、衔接性和有序性。
87～120		√		

《幼儿园保育教育质量评价指导手册》是依据《3－6岁儿童学习与发展指南》《幼儿园保育教育质量评估指南》《广东省幼儿园一日活动指引（试行）》等文件精神编制而成的幼儿园保教质量评价工具，高度契合《幼儿园保育教育质量评估指南》的改革方向与要求，并将其质量标准转变为可操作、工具化的评价监测体系。本手册历经4次修订、十数年实践检验，以求为幼儿园管理者、教师提供“不在场专家”的引领。本手册评价内容与标准全面、科学、可操作性强，评价方式突破传统等级评价的弊端，聚焦班级观察与过程性评价，能提升园所及教师自评的有效性与参与性，帮助教育行政部门、园所及教师找到“发现—诊断—解决—提质”的工作路径，为幼儿园提供循证管理决策的抓手。

《幼儿园保育教育质量评价指导手册》在整个编写过程中，得到了业界诸多专家学者的帮助，他们有着较高的理论水平和丰富的实践经验，提出了许多宝贵的意见，谨此一并表示衷心的感谢！

本手册仍难免存在不足之处，诚恳希望使用者批评指正，以便及时修订，更好地为全面提高幼儿园保育教育质量水平服务。

韩秀云

广东省学前教育学会常务理事、学术专委

广州市幼儿教育教学研究会副理事长

广州市番禺区幼教教研员、政府督学

目录

一、事业管理与发展

（一）事业管理

指标	等级					自评	他评
	不适宜 1	及格 2	一般 3	良好 4	优秀 5		
1. 办园方向	不重视党建工作；办园方向与国家方针政策的要求不一致。		有党建及育人意识，但立德树人的育人方向与目标不明确。		注重党建工作及政治统领，机构健全；以立德树人、办人民满意的教育为方向，培育德智体美劳全面发展的社会主义建设者和接班人。		
2. 园所规划	办园宗旨不明确，以利益为重；没有中长期发展规划，各项工作计划笼统。		有较为明确的办园宗旨和目标；有中长期发展规划和阶段性目标计划。		办园宗旨明确，以幼儿发展为重，办园目标清晰；中长期发展规划有结合园所实际，与园所发展相符，全园教职工有共同的发展目标和愿景；阶段性目标计划清晰（如学期计划、教研计划、保育工作计划等）。		
3. 制度与执行	规章制度不完善，未能有效保证幼儿园各项工作的落实。		有各项规章制度，但没有具体细则或可落实的措施，执行力不够强。		各项规章制度健全并有相应的检查落实记录措施，人员分工明确，各项工作制度落实到位，幼儿园各项工作能有条不紊地开展。		
4. 财务与收费	未能按相关经费使用要求使用各项经费，账目不清；收费未能符合相关要求和规定；教职工购买社保比率不足80%。		能按相关经费使用要求使用各项经费，但经费使用不够合理；收费符合相关要求和规定；教职工购买社保比率不足100%。		遵守财务制度，能根据本园实际有目的、有计划地合理使用经费，用于改善办学条件，票据齐全；各项收费符合相关要求和规定；教职工100%购买社保。		
5. 档案管理	档案资料不齐全，缺乏管理，导致教育教学工作受影响。		档案资料基本齐全（如行政管理档案、教师业务档案、幼儿成长档案、保健资料档案等），但管理不规范，未能为教育教学工作服务。		档案资料齐全（如行政管理档案、教师业务档案、幼儿成长档案、保健资料档案等），管理科学规范，能为教育教学工作服务。		
6. 先进性①	幼儿园当年未获得任何级别教育或行政部门颁发的先进集体称号。		幼儿园当年获得区级以上教育或行政部门颁发的先进集体称号。		幼儿园当年获得省级以上教育或行政部门颁发的先进集体称号。		

① 获得镇街级奖励可得2分；市级奖励可得4分；省级以上奖励可得5分。

（二）园所发展与特色

指标	等级					自评	他评
	不适宜 1	及格 2	一般 3	良好 4	优秀 5		
7. 教研科研	没有教科研意识，教研机构不齐全，没有定期开展教研活动；没有开展课题研究（也没有设立园本课题）。		教研机构较为健全，能定期开展教研及观摩交流活动，但活动形式单一，针对性不够强；有立项课题，但课题研究成效甚微，未能有效促进幼儿发展和教师专业成长。		教研机构健全，能定期开展有针对性的教研及观摩交流活动，解决教育工作中的各种问题；能根据幼儿园实际开展课题研究，当年在研课题 3 个以上，教师发表论文总数不少于 5 篇。教科研能有效促进幼儿发展和教师专业成长，如幼儿发展指标良好，有名园名师工作室、种子及骨干教师等。		
8. 特色与示范	没有课程实施方案，课程选择随意或不符合幼儿的学习方式与特点，有小学化倾向；甚少与区内幼教同行交流研讨；园所环境体现不出课程特色与本土文化元素。		能根据本土、本园实际及资源，建构富有特色的园本课程，课程内容符合幼儿的兴趣与需要；特色课程建设初见成效并具有推广价值；每年组织不少于 1 次面向全区的公开交流活动；园所环境能基本体现出课程特色与本土文化元素。		能根据本土、本园实际及资源，建构富有特色的园本课程，条理清晰，结构合理，操作性强，符合《幼儿园教育指导纲要（试行）》《幼儿园保育教育质量评估指南》的要求，初见成效并具有推广价值；每年组织不少于 3 次面向全区的公开交流活动；幼儿园内外部环境能体现出丰富的中国传统或本土的文化元素。		

（三）家长与社区工作

指标	等级					自评	他评
	不适宜 1	及格 2	一般 3	良好 4	优秀 5		
9~10. 家长与社区工作	没有设立家长学校和家委会等机构；家园关系不紧密。		家长学校、家委会等机构健全，有开展相关活动，但活动内容和形式不够丰富，没有充分发挥家长和社区资源的作用。		机构齐全并有发挥作用，活动内容和形式丰富多样；能充分利用家长与社区资源为教育教学工作服务，家园与社区形成教育协同机制，关系融洽和谐。		
	幼儿园不注重家园联系，或家长工作方式不适宜，导致当年有超过3人以上的家长集体信访投诉事件发生，造成不良影响。		幼儿园能与家长保持联系，但家长对幼儿园及教师的工作认识不到位，造成当年信访投诉事件时有发生，不过尚能妥善解决。		家园联系密切，沟通畅顺；家长尊重并理解支持幼儿园和教师的工作，家园和谐，形成教育合力。		

二、规模与师幼比

（一）园所规模

指标	等级					自评	他评
	不适宜 1	及格 2	一般 3	良好 4	优秀 5		
11. 园所规模	园所班级设置不合理（如规模超过 18 个班[①]）；占地面积、建筑面积、户外面积、人员配置[②]未能达到本级要求，不能满足幼儿学习和生活所需。		园所班级设置基本合理（如规模不超过 18 个班），按年龄编班；占地面积、建筑面积、户外面积、人员配置安排基本达到本级要求。		园所班级设置合理（如规模不超过 18 个班），按年龄或课程需要编班；占地面积、建筑面积、户外面积、人员配置安排达到本级要求，能够满足幼儿学习和生活所需。		

（二）班级人数与师幼比

指标	等级					自评	他评
	不适宜 1	及格 2	一般 3	良好 4	优秀 5		
12. 班级人数	小班超过 30 人，中班超过 35 人，大班超过 40 人。		小班不超过 29 人，中班不超过 34 人，大班不超过 39 人。		小班不超过 25 人，中班不超过 30 人，大班不超过 35 人。		
13~14. 师幼比	全园教职工与幼儿之比低于或等于1：8，各类人员配备不合理（如行政或教辅人员过多）。		全园教职工与幼儿之比高于或等于1：7，人员配备基本满足要求，但不够合理。		全园教职工与幼儿之比高于或等于 1：6，行政或教辅人员配备充足且合理，有按要求合理配备各类人员。		
	班级内师幼比小班低于或等于 1：11，中班低于或等于 1：12，大班低于或等于 1：14。		班级内师幼比小班高于或等于 1：9，中班高于或等于 1：11，大班高于或等于 1：13。		班级内师幼比小班高于或等于 1：8，中班高于或等于1：10，大班高于或等于 1：12。		

---

① 2017 年以后新开办的园所，且超过 18 个班，此项可得 1 分；2017 年之前开办的园所，且超过 18 个班，在占地面积、户外面积等各方面满足本级要求的情况下，此项可得 3 分。

② 占地面积、建筑面积、户外面积、人员配置：依据中华人民共和国行业标准《托儿所、幼儿园建筑设计规范》（JGJ39—2016），《广东省教育厅关于规范化城市幼儿园的办园标准（试行）》（粤教基〔2012〕1 号），《教育部关于印发〈幼儿园教职工配备标准（暂行）〉的通知》（教师〔2013〕1 号）等要求配置。按照国家《幼儿园建设标准》（建标 175—2016）规定，生均户外面积为 6 m^2，其中 2 m^2 为绿化面积，4 m^2 为活动面积。

三、教师队伍建设

（一）教师队伍结构

指标	等级					自评	他评
	不适宜 1	及格 2	一般 3	良好 4	优秀 5		
15. 园长配备	幼儿园未能按要求配备园长，或园长未能满足岗位任职的相关要求。		幼儿园有按要求配备园长，但分工不够明确，职责不够分明。		幼儿园有按要求配齐配足园长①；园长符合岗位任职的相关要求，分工明确，职责分明，有领导艺术及领导能力，能引领教师专业成长。		
16. 专任教师学历	园长及专任教师学历未全部达标，大专以上学历占比低于85%。		园长及专任教师学历全部达标，大专以上学历占比85%以上。		园长及专任教师学历全部达到大专以上，其中本科以上学历占比60%以上。		
17. 岗位任职	幼儿园教职工持有岗位任职资格证明（如园长上岗证、教师资格证、保健员上岗证、保育员上岗证等）的比例低于80%，未定期组织岗位培训。		幼儿园80%以上教职工均持有岗位任职资格证明（如园长上岗证、教师资格证、保健员上岗证、保育员上岗证等），并定期参加岗位培训。		幼儿园全部教职工均持有岗位任职资格证明（如园长上岗证、教师资格证、保健员上岗证、保育员上岗证等），并定期参加岗位培训。		

（二）教师福利待遇

指标	等级					自评	他评
	不适宜 1	及格 2	一般 3	良好 4	优秀 5		
18. 园长	园长月收入低于上一年广州市职工社平工资标准②。		园长月收入与上一年广州市职工社平工资标准持平。		园长月收入高于上一年广州市职工社平工资标准，并逐年增长。		
19. 专任教师	专任教师月收入低于广州市最低工资标准的2倍。		专任教师月收入高于广州市最低工资标准的2倍。		专任教师月收入高于广州市最低工资标准的2.5倍，并逐年增长。		

① 配齐配足园长：依据《教育部关于印发〈幼儿园教职工配备标准（暂行）〉的通知》（教师〔2013〕1号）和番禺区《关于番禺区幼儿园教职工配备及招聘（从业）标准的指导意见》执行。

② 广州市社平工资及最低工资标准：以2019年为例，广州市社平工资为9129元，最低工资为2100元。

（续表）

指标	等级					自评	他评
	不适宜 1	及格 2	一般 3	良好 4	优秀 5		
20. 其他教辅人员	其他教辅人员月收入低于广州市最低工资标准的 1.8 倍。		其他教辅人员月收入高于广州市最低工资标准的 1.8 倍。		其他教辅人员月收入高于广州市最低工资标准的 2 倍，并逐年增长。		

（三）教师队伍建设

指标	等级					自评	他评
	不适宜 1	及格 2	一般 3	良好 4	优秀 5		
21. 队伍结构	园领导班子及教师队伍结构不合理，入职不足 3 年的教师占比超过 60%。		园领导班子及教师队伍结构基本合理，入职超过 3 年的教师比例超过 50%。		园领导班子及教师队伍结构合理，新老教师比例恰当，入职超过 3 年的教师比例超过 60%（如老中青教师①的比例为 3∶3∶4 或 2∶4∶4）。		
22. 队伍稳定性	园领导班子及教师队伍年流动率不超过 20%；没有建立激励、奖励机制。		园领导班子及教师队伍年流动率不超过 10%；有建立激励、奖励机制，但作用不明显。		园领导班子及教师队伍年流动率不超过 5%；激励、奖励机制健全并有发挥作用，教职工有归属感和幸福感。		
23. 教师培训与发展	幼儿园未能定期开展园本培训、教研等活动；教师专业发展停滞，教师继续教育合格率低于 80%，职称持有率低于 50%，未达大专学历人员进修率低于 80%。		幼儿园有开展园本培训、教研、师徒结对、进班指导等活动，但针对性不够强；教师专业发展缓慢，教师继续教育合格率低于 90%，职称持有率低于 60%，未达大专学历人员进修率高于 80%。		幼儿园通过制度化的园本培训、教研、师徒结对、进班指导等多种形式，有针对性地为教师专业发展搭建平台，为不同年龄层次者提供专业发展机会；教师继续教育合格率达 100%，职称持有率高于 70%，未达大专学历人员进修率达 100%。		
24. 师德建设	幼儿园没有组织专门的师德师风建设活动，曾发生过影响教师行业形象的不良事件。		幼儿园定期组织师德师风建设的相关活动；教职工有政治觉悟及职业操守，没有出现违反师德的问题。		幼儿园每学期都组织多种形式的师德师风培训、学习等活动，重视师德师风建设；教职工爱岗敬业，师德规范，关爱幼儿。		

① 根据办园时长分两种情况进行评估，办园 10 年以内的园所，教龄 1 年以内为青年教师，教龄 1~5 年为中年教师，教龄 5 年以上为老年教师；办园 10 年以上的园所，教龄 5 年以内为青年教师，教龄 5~10 年为中年教师，教龄 10 年以上为老年教师。在工龄的计算上，如果牵涉教师更换工作单位的，须有上一个单位的工作时间及表现证明才能叠加工龄；若开园未满 3 年的园所则按 3 分计算。

四、安全保健卫生与膳食管理

（一）安全及膳食管理

指标	等级					自评	他评
	不适宜 1	及格 2	一般 3	良好 4	优秀 5		
25. 安全管理	安全制度不健全，教职工不能很好地落实各项安全工作；存在安全隐患的地方较多，曾出现过安全事故或较大意外事故。		能落实各项安全制度，有指定专人负责安全工作；只有个别地方存在安全隐患。		能严格执行各项安全制度，安全工作有专人负责，全体教职工都熟悉各项安全制度及工作要求，并能落实到位；不存在安全隐患，当年没有出现安全事故和较大意外事故。		
26. 膳食管理	未设立膳食管理委员会，师幼伙食没有严格分开，票据不全；未实行食品定点采购；食谱设计不合理，幼儿营养严重不达标。		有设立膳食管理委员会，师幼伙食分开，但票据不全；未实行食品定点采购；有时不按食谱烹调膳食，幼儿营养状况不佳。		有设立膳食管理委员会并发挥作用，师幼伙食分开，账目清晰，收支平衡；食品定点采购，确保安全；食谱设计科学合理，幼儿营养均衡。		

（二）保健卫生与幼儿身体发展

指标	等级					自评	他评
	不适宜 1	及格 2	一般 3	良好 4	优秀 5		
27. 卫生预防	卫生保健制度及设施不全，未能按要求建立幼儿保健档案及开展健康检查；疾病防控效果不理想，当年曾发生传染病，造成停课。		有较为健全的卫生保健制度，保健设施齐全，能按要求建立幼儿保健档案及开展健康检查；能按指引做好疾病防控，但效果一般，当年曾发生传染病，未造成停课。		卫生保健制度健全并能落实到位，保健设施齐全，能按要求认真收集整理幼儿保健档案，定期开展健康检查；做好各种疾病防控工作，确保幼儿的身心健康发展，当年无传染病发生。		
28. 幼儿身体发展	全园幼儿身高、体重、血红蛋白、营养等各项指标达标率不理想；对特殊儿童没有给予适当的照料。		全园幼儿身高、体重、血红蛋白、营养等各项指标基本达到《托儿所幼儿园卫生保健管理办法》及《托儿所幼儿园卫生保健工作规范》的要求，个别不达标准的指标均有可接受的原因；对特殊儿童有进行关注。		全园幼儿身高、体重、血红蛋白、营养等各项指标均达到《托儿所幼儿园卫生保健管理办法》及《托儿所幼儿园卫生保健工作规范》的要求；对特殊儿童有适当的照料和指导。		

五、环境创设与利用

（一）公共环境

指标	等级					自评	他评
	不适宜 1	及格 2	一般 3	良好 4	优秀 5		
29. 空间布局与安全	安全标志缺乏或不清晰；消防设施摆放不合理；空间布局不合理、不科学（例如消防设施摆放在影响幼儿活动的地方等）。		安全标志、消防设施等分布较合理，不存在安全隐患；空间布局较合理科学，各类活动室互不干扰。		安全标志清晰、合理；消防设施等位置安排合理、维护较好；园内活动室、功能室、户外场所等布局科学且合理、安全，能为幼儿提供舒适环境，支持与保障教育教学活动。		
30. 阳光与遮阳	大部分活动场地冬季没有阳光；夏季暴晒，没有任何遮阳。		大部分活动场地冬季有阳光；夏季缺乏树木遮阳，但能够采取适当的补救措施（例如提供人工遮阳设备）。		大部分活动场地冬季在幼儿户外活动时段阳光充沛；夏季有树木遮阳。		
31. 地面	户外场地地面设计不合理，或地面铺设材料不适宜（例如攀爬架下方、秋千架下方为硬化地面）；或地面铺设材料有难闻的气味。		户外场地地面设计相对合理，如秋千架下方设计软性地面，拍球场所为硬化地面等；地面维护状态良好，不存在破损等情况。		多样化的地面设计，能够满足幼儿进行各种类型的户外活动需求（例如有草地、塑胶跑道、硬化地面等）。		
32. 区域与划分	户外活动缺乏整体设计和区域划分，游戏区只有1~3个，不能为幼儿提供多样化的活动经验，缺乏趣味性和探索性。		游戏场地有一定的区域划分①，户外活动的游戏区有5~7个，能够为幼儿提供多样化的活动经验，幼儿活动时基本不会相互干扰。		场地利用充分，区域划分合理，幼儿同时进行不同类型的活动不会相互干扰（例如骑车、轮滑等活动与攀爬活动、球类游戏分开）；户外活动的游戏区有8个以上②，能够满足幼儿多样化的游戏探索，同时能够运用多种自然的和人工的元素与材料，为幼儿提供丰富多样的感知觉刺激和活动经验，具有较强的趣味性和探索性。		

① 户外游戏活动环境一般由集体活动区、大型组合运动器械区、车道、沙水区、养殖区等区域构成。

② 户外游戏场中基本的游戏区域应该有大型组合运动器械区、建构游戏区、车道、沙水探索区、自然科学区、角色游戏区、集体游戏区、艺术体验区、休闲安静区。

（续表）

指标	等级 不适宜 1	及格 2	一般 3	良好 4	优秀 5	自评	他评
33. 材料	没有提供任何运动设施、器械和材料，或提供的数量太少；大部分设施、器械和材料不符合幼儿的年龄和活动能力。		提供的设施、器械和材料基本满足幼儿活动的需要；基本符合幼儿的年龄和活动能力，且大部分可以让幼儿自由使用。		提供的设施、器械和材料数量充足；符合幼儿的年龄与活动能力，能够支持不同年龄的幼儿开展丰富的活动，且所有材料允许幼儿自由使用。		
34. 器械安全	器械设施存在安全隐患①；器械设施出口和周边安全防护面积不足导致碰撞冲击伤害发生②。		大部分器械设施不存在安全隐患，材料安全环保；大部分器械设施出口和周边安全防护面积基本符合相关安全标准。		器械设施不存在安全隐患，材料安全环保，且有专人负责定期检查维修，维护状态良好；所有器械设施出口和周边安全防护面积符合相关安全标准。		
35. 专业资料	没有供保教人员借阅的专业资料，如教育类图书或杂志、音像材料等。		有提供一些专业资料（包括幼儿发展、教师专业成长及班级活动的图书或杂志资料），保教人员可以借阅。		能根据教育理论发展、教育实践需要及教师专业成长需求，及时更新专业资料内容，并供保教人员随时借阅。		
36. 谈话空间	幼儿在园期间，没有为保教人员提供可进行个别谈话的空间。		幼儿在园期间，有为保教人员提供一些可进行个别谈话的空间。		班级内有教师的独立办公区域，园内有可供保教人员进行个别谈话及举行集体会议的空间。		
37. 卫生间③	园内没有专门供保教人员使用的卫生间。		同一栋教学楼内，有专门供保教人员使用的卫生间，但不在班级内。		班级内有专门供保教人员使用的卫生间。		

① 例如，滑梯围栏高度不够可能导致幼儿跌落；滑梯上有突出物可能导致幼儿刮伤，或可能与幼儿衣物绳索形成环状导致勒伤；安装不牢固、不稳定；器械组合不合理；玩具屋、玩具箱、隧道等封闭性设施出口过小或较难开启，在没有外人的帮助下幼儿难以快速逃出等；滑梯使用全封闭滑道或不锈钢滑道。

② 滑梯等大型器械设施的防碰撞区域为滑梯下方底部及四周边缘不小于 1800 mm，器械间不小于 3000 mm，滑梯出口段延伸不小于 2000 mm。

③ 有专门供保教人员使用的卫生间，但不在同一栋楼得 2 分。教学楼的每一层楼内都有专门供保教人员使用的卫生间得 4 分。

（二）班级物质环境

指标	等级					自评	他评
	不适宜 1	及格 2	一般 3	良好 4	优秀 5		
38. 安全	没有按消防部门要求设置相应的安全标识；插座、电线等位置安排不合理；药品等放置在幼儿触手可及的位置，或药箱中没有应急药品。		插座、电线等位置安排较合理，不存在安全隐患；药品等收纳在幼儿拿不到的地方。		插座、电线、开关、药品等收纳合理，有明显的安全提醒标志。		
39. 空间大小	班级活动室面积狭小，幼儿和成人的活动及家具设备所需的空间不足①。		班级活动室面积达标，幼儿和成人的活动及家具设备所需的空间较充足。		班级活动室面积充裕，能够支持幼儿和成人自由地开展各种类型的活动。		
40. 家具	用于日常生活活动、游戏和学习的基本家具②不充足（例如椅子数量不够所有幼儿同时使用，很少有存放玩具的开放架子）；大部分家具设备不符合本班幼儿的身高、活动能力等年龄特点，不便于幼儿独立使用（例如家具设备过高或过矮等）。		家具设备的数量基本满足幼儿活动的需要；大部分家具设备符合幼儿的年龄特点③，便于幼儿独立使用。		有足够的家具设备可满足幼儿开展生活、游戏和学习等多种活动的需要；所有家具设备符合幼儿的年龄特点，便于幼儿独立使用，且有考虑个体差异；方便保教人员和幼儿开展不同类型的活动（例如个别和小组教学活动）。		
41. 采光	室内缺乏自然光线，照明设施明显不足。		室内自然采光良好，晴天基本不需照明设备。		室内光线充足，自然采光状态好；室内既有整体照明设备，又有局部照明设备，灯具安装符合国家标准④，照度达标⑤，室内环境光亮、温馨、舒适。		

① 按照国家《幼儿园建设标准》（建标 175—2016）规定，生均户外面积为 6 m^2，其中 2 m^2 为绿化面积，4 m^2 为活动面积。班级室内空间是否充足既与班级建筑面积有关，也与班级规模或班额大小以及家具设备数量有关。空间的具体标准以《广东省幼儿园督导评估方案》为准，活动室使用面积与寝室合用每班 100 m^2以上，与寝室分设的每班 54 m^2 以上。

② 基本家具包括餐点和活动用的桌子和椅子，用于休息、午睡的床垫或幼儿床，用于存放幼儿物品的橱柜或其他储藏设备，用于存放游戏或学习材料的低矮的、开放的架子。只有便于幼儿自己取放玩具材料的架子才能称为“低矮的、开放的架子”。

③ 按《广州市托幼机构卫生保健工作评价标准》，儿童使用桌椅标准如下：身高 100 cm 以下的，椅高 24 cm，桌高 44.5 cm；身高 100~110 cm 的，椅高 27 cm，桌高 48.5 cm；身高 110~120 cm 的，椅高 30 cm，桌高 53 cm。

④ 灯具安装符合国家标准是指照明采用小于 26 mm 细管径直管形稀土三基色荧光灯，不采用裸灯，灯具距课桌面最低悬挂高度为 1.7 m，灯具长轴垂直于黑板面安装。

⑤ 照度达标是指课桌平均照度不低于 300 lx，黑板平均照度不低于 500 lx。

（续表）

指标	等级 不适宜 1	及格 2	一般 3	良好 4	优秀 5	自评	他评
42. 阅读区	幼儿读物为非正规出版物，出现知识性或意识形态渗透现象；读物数量少、种类单一，不能满足进区幼儿的阅读需要；环境干扰大，采光不足。		幼儿读物为正规出版物；读物数量满足幼儿的阅读需要，内容符合幼儿的年龄特点，种类丰富，图书摆放的方式便于幼儿自主取放；环境舒适安静，部分环境创设有引导幼儿认识标志、文字符号的用途。		读物数量充足①，种类多样，内容丰富，有利于幼儿的理解能力和前书写水平的发展；除读物和基本的书写材料外，为幼儿提供丰富有趣的操作辅助材料；能够根据主题活动的内容定期更换图书；采光良好，环境中的标志和文字符号规范。		
43. 益智游戏区	益智玩具②种类单一，数量不足，材料缺乏层次性、探究性，部分材料难易程度不符合幼儿的年龄特点；没有科学材料。		益智玩具种类较多，包含数、量、形、空间、科学小实验等数学和科学材料；材料数量能基本满足幼儿的操作需求；大部分材料难易程度符合幼儿的年龄特点。		益智玩具数量充足，种类丰富；材料能满足幼儿的操作需求和发展需要，具有一定的趣味性、探索性和挑战性；在此基础上，还有符合幼儿年龄特点和兴趣的科学材料。		
44. 美工活动区	美工材料③种类单一，数量不足，与幼儿人数不匹配，材料摆放不合理；缺乏美术作品欣赏和作品展示平台。		美工材料种类较多，材料数量能基本满足幼儿的操作需求；有设置专门的美术作品欣赏和作品展示平台。		美工材料多样，数量充足，除基本的美工材料外，还能结合主题或当地特色文化收集一些废旧材料、自然材料与生活材料；环境和材料能支持幼儿体验多种美术形式；作品展示比例合理。		

① 图书数量生均应不低于5册，复本率不超过30%；阅读区中呈现的图书数量至少是进区人数的6倍。

② 益智玩具根据功能可以分为数学类益智玩具、科学类益智玩具、语言类益智玩具、操作类益智玩具、社会类益智玩具等。益智玩具根据性质可以分为趣味性益智玩具、解环类益智玩具、战棋类益智玩具、拼插类益智玩具。

③ 美工材料包含绘画、纸工、泥工、日常生活、自然等工具材料和参考资料，以及防护工具、清洁工具等。

（续表）

指标	等级					自评	他评
	不适宜 1	及格 2	一般 3	良好 4	优秀 5		
45. 积木建构区	积木[1]数量少，不能满足区内幼儿的操作需要；积木材质、规格不统一，与幼儿年龄特点不符；积木摆放方式不合理；缺乏与建构主题相关的辅助搭建材料。		积木数量能基本满足幼儿的建构需要；积木材质、规格统一，与幼儿年龄特点相符；积木摆放和收纳方式合理[2]。		积木材质好，数量充足；积木摆放方式有利于支持幼儿的学习活动和良好习惯的养成；除积木外，还提供贴合主题、具有动态性的幼儿自制辅助材料；环境创设中提供有助于提高幼儿搭建技巧的表征材料。		
46. 角色游戏区	没有角色游戏区，或角色游戏主题不符合幼儿的年龄特点；游戏材料数量不能满足幼儿游戏的需要或成品玩具过多。		角色游戏主题与幼儿年龄特点相符；游戏材料丰富（例如有生活物品、半成品材料、自然材料等），能满足幼儿游戏的需要。		角色游戏主题符合本班幼儿的经验水平；游戏材料低结构化，且数量多、种类丰富，能促进幼儿自主探究，满足幼儿的想象和创造需求，具有挑战性。		
47. 自然探索区	没有自然探索区，没有提供可供幼儿观察探究的植物或小动物。		自然探索区既有观赏性动植物，也有师幼共同饲养或种植的动植物（例如乌龟、金鱼、番薯、豆芽、土豆等）；有为幼儿提供观察记录的工具（例如放大镜、温度计、测量工具等）。		自然探索区位置合理，能根据植物特性考虑阳光、空气（温度、湿度）等条件设置，方便幼儿观察探究，既有种类丰富的植物（例如水培植物、土培植物等），也有饲养的小动物，并根据幼儿的年龄特点提供多样化的工具和记录表。		
48. 主题墙	主题墙内容与幼儿当前的活动无关，是幼儿不感兴趣的话题，或长期没有更新。		主题墙中的内容与幼儿当前的活动有关，是幼儿感兴趣的话题。		能够根据幼儿或班级的活动进行主题墙的布置，环境中能够体现幼儿的学习轨迹，主题墙的展示中以幼儿的作品为主，而且作品展示方式适宜。		

① 积木以单元积木为主。
② 整齐地分类摆放在合格的积木柜里，便于幼儿取放，即视为合理。

（续表）

指标	等级 不适宜 1	及格 2	一般 3	良好 4	优秀 5	自评	他评
49. 学习轨迹	区域环境中没有呈现幼儿的学习轨迹；或与幼儿当下的活动无关，或内容远离幼儿生活，幼儿兴趣不大。		区域环境中展示的作品内容能贴合幼儿的生活实际，是幼儿感兴趣的内容。		区域环境中有体现幼儿的学习轨迹，内容能够体现幼儿的兴趣和学习过程，是幼儿积极主动的探索轨迹，与幼儿当下进行的活动有关联性。		
50. 作品展示与美感	不展示幼儿的任何作品；或展示的位置不适宜、高度过高（高于120 cm），不便于幼儿观看，展示方式不利于作品保存或没有美感。		展示该年龄段幼儿的个性化作品，成人作品与幼儿作品比例恰当；作品展示位置、高度适宜，展示的方式与班级整体环境布置相协调。		展示每个幼儿的多样化作品，既有平面作品也有立体作品，体现每个幼儿的发展水平，展示方式有利于培养幼儿的欣赏、表现与创造能力；也有利于促进幼儿之间互相交流，分享经验与想法；幼儿的作品展示与班级整体环境相融合，富有美感。		
51. 材料安全与消毒卫生	玩具材料有安全隐患（例如含刺激性气味、掉色脱漆）、破损残缺、带有锐角等；材料不整洁卫生（例如区域柜/材料很脏，很少清洗），有异味。		玩具材料没有安全隐患，无毒无害，无破损残缺；环境整洁卫生（例如经常清洗区域柜/材料等），没有垢和积尘。		玩具材料清洁卫生，无毒无害，无安全隐患，质量较好，通过3C认证；区域环境整洁卫生（例如手触摸的地方没有灰尘，所有区域整洁舒适，无异味，区域环境定期消毒，并有消毒记录）。		
52. 整洁	班级环境整体凌乱，物品收纳及摆放不整齐。		班级环境整洁、卫生，物品收纳整齐。		班级环境整体整洁，富有美感，物品收纳及摆放方式有助于幼儿自主收纳整理，能够培养幼儿自主归位、收拾整理的意识和能力。		

（三）班级心理环境

指标	等级					自评	他评
	不适宜 1	及格 2	一般 3	良好 4	优秀 5		
53. 班级氛围	幼儿彼此之间很少交流，互助、合作等亲社会行为很少；教师很少注意倾听幼儿的谈话。		幼儿之间有交流、沟通，但合作、互助行为较少；教师会倾听幼儿的谈话。		幼儿彼此之间乐于分享、合作、互助，班级氛围轻松、愉快；师幼之间的互动积极，教师总是能够认真倾听幼儿的谈话，并给予积极的回应。		
54. 随机教育	教师经常忽视生活中的教育契机。		教师能够把握生活中的随机事件对幼儿进行教育。		教师能把握生活中的教育契机，开展随机教育，如充分利用一日生活中的环节，为幼儿提供表达与讲述的机会（例如让幼儿进行餐前播报、新闻播报等）；如利用水果餐的时间，进行营养或垃圾分类等的渗透教育；如对幼儿的不安全行为进行及时的安全教育等。		
55. 情绪引导	当幼儿出现哭闹、情绪低落等不良情绪时，教师常常进行压制，而不注意正向疏导或忽视幼儿的情绪。		教师发现幼儿情绪不高时，会主动询问，并进行化解；接受幼儿的不良情绪，进行询问、关心和疏导。		教师能够接受幼儿的消极情绪，并通过多样的方法化解幼儿的不良情绪（例如通过询问、共情等方式），引导幼儿学会正确的表达情绪的方法；也注意引导幼儿表达自己的积极情绪（例如分享自己今天开心的事情等）。		
56. 分享与合作	禁止幼儿彼此之间互动交往，对幼儿的分享合作行为经常视而不见；当幼儿发生冲突时，直接命令式或说教式地帮助其解决。		允许幼儿之间自由交谈、分享观点；对幼儿的分享和合作等行为给予表扬，有计划地组织专门的活动对幼儿进行该方面的教育。		在活动中经常鼓励幼儿彼此之间进行分享与合作；会把握生活中的契机进行随机教育，如当幼儿争抢玩具时，会鼓励幼儿思考如何积极解决问题。		

（续表）

指标	等级					自评	他评
	不适宜 1	及格 2	一般 3	良好 4	优秀 5		
57. **归属感**	忽视对幼儿归属感的培养。		有意识地对幼儿进行归属感和责任感的培养，如会引导幼儿为班级服务（整理玩具、爱护物品等）。		运用多种形式帮助幼儿建立归属感和责任感，如幼儿会积极、主动地为班级服务；通过游戏、学习等活动，建立幼儿对班级、社区、本地和国家的归属感和认同感。		
58. **尊重**	言行举止等表现出对不同幼儿的偏见，没有平等、公正地对待幼儿；没有把握随机教育事件，对幼儿进行理解他人、尊重他人的教育。		利用故事等形式，通过集体活动对幼儿进行尊重他人、理解他人观点及感受等教育。		能够把握生活中的随机事件，引导幼儿尊重他人；会利用游戏、学习等活动，创设情境，引导幼儿理解他人与自己的关系，进而产生尊重的态度；能够以身作则，为幼儿提供良好的榜样，对所有人表示尊重、友好等。		

六、生活活动的组织与实施

（一）作息制度

指标	等级					自评	他评
	不适宜 1	及格 2	一般 3	良好 4	优秀 5		
59. 一日生活作息[①]	没有一日生活作息制度，或一日生活作息安排不合理、不科学，不能保证2小时的户外活动时间和1小时的自主游戏时间，两餐间隔时间不足3.5小时等。		有一日生活作息制度，能按照《广东省幼儿园一日活动指引（试行）》安排各环节活动，时间安排基本合理，能注意到动静交替、室内外相结合。		能科学、合理地安排有规律的、符合标准的作息制度，并能根据幼儿的年龄特点、季节变化、天气变化等适当地调整各类作息时间和活动安排。		
60. 组织形式[②]	活动形式单一，如多是以集体的形式组织活动，小组/个别活动过少，或者是全程以教师为主导，幼儿完全没有自主的权利。		活动形式基本均衡，既有集体活动，又有自主游戏活动。		教师能够根据幼儿的学习特点或活动内容的特点确定适宜的活动组织形式（例如集体/小组/个别活动，户外/室内活动等），各种组织形式之间转换灵活，如遇突发事件或者场地、天气、人员等情况变化能灵活、合理地调整组织形式（如无，则不考查该评价要点）。		
61. 习惯培养	教师不重视对幼儿良好的习惯培养，各类活动中对幼儿的行为习惯的养成较少提要求。		教师有为幼儿的习惯培养提供物质的支持，各环节中，大多数幼儿在教师的提醒下能够养成良好的行为习惯。		各类活动中，教师能根据幼儿的年龄特点、学习特点、个体差异进行习惯培养，如小班教师为幼儿多提供实际帮助，中班多提供语言指导，大班鼓励幼儿自主或者互相帮助，幼儿能够自觉将习惯内化。		

① 总体上，幼儿园各类活动时间安排应达到如下要求：幼儿户外活动时间每天不少于2小时，其中体育活动时间不少于1小时，高温天气可酌情减少；从早餐开餐到午餐开餐，幼儿两餐间隔时间不少于3.5小时；保证幼儿每天有连续不少于1小时的自主游戏时间。

② 要采用集体、小组、个别多种形式开展学习活动，减少整齐划一的集体形式的学习活动，大班每天学习活动时间最多不超过1小时，中班和小班适量减少。

（续表）

指标	等级 不适宜 1	及格 2	一般 3	良好 4	优秀 5	自评	他评
62. **安全看护与教育**	教师没有安全看护的意识，或教师分工不合理，导致幼儿出现一些危险的行为或事件时教师没有及时发现，没有开展安全教育。		教师对幼儿安全的照料比较充分（例如站位合理，幼儿均在教师视线范围内，且教师经常环视幼儿活动范围的情况），发生意外事件时，教师有对幼儿进行相应的安全教育。		教师能够依据幼儿的年龄、能力和个体差异进行充分的安全照料，能够根据生活中的一些事件对幼儿进行自我保护的教育。		

（二）入园

指标	等级 不适宜 1	及格 2	一般 3	良好 4	优秀 5	自评	他评
63. **入园准备**	没有做好基本的入园准备，如开窗通风，准备好幼儿的毛巾、水杯等生活用品，没有做好幼儿入园前的清洁、消毒等工作。		基本能做好入园准备工作，但不细致，清洁工作不彻底。		教师以饱满的状态做好入园的各种准备，工作细致深入。		
64. **晨接**	教师未及时到岗，导致早来园幼儿处于无人看管状态；或到岗后态度冷漠，没有关注幼儿的状态。		教师准时到岗，能以积极的状态投入工作，迎接幼儿，并组织适当的活动。		以饱满的热情迎接每一名幼儿；观察每名幼儿回园的状态，并给予幼儿一定的回应和指引；能够组织多样化的活动，如丰富的晨间、早锻活动，指引幼儿有序回园活动。		
65. **二次晨检**	没有二次晨检，或因为分工、安排不合理等导致经常有漏检的情况。		有二次晨检，教师能够按照要求进行二次晨检。		教师能够对每个幼儿进行细致的二次晨检，能够根据幼儿的个别差异给予一些适当的指引（例如叮嘱喉咙痛的幼儿多喝水等）。		

（三）进餐

指标	等级					自评	他评
	不适宜 1	及格 2	一般 3	良好 4	优秀 5		
66. 餐前活动	没有组织餐前活动，幼儿只是坐在座位上消极等待取餐。		有组织餐前活动，内容或形式适宜。		能根据幼儿的年龄特点指引幼儿有序做好餐前的准备工作，如小班教师指引幼儿做好个人卫生工作，中、大班值日生有序地进行值日工作，组织幼儿进行适宜的餐前活动（例如手指游戏、餐点介绍、听故事等）。		
67. 取餐	没有设计取餐路线，幼儿取餐秩序混乱或者教师全部包办代替。		有设计取餐路线，允许幼儿自主取餐。		取餐路线设计合理，幼儿有序取餐，支持幼儿自我服务，幼儿能够按需取餐。		
68. 环境	用餐环境及空间安排不适宜，未做好餐桌的清洁卫生工作，分餐人员未做好个人卫生工作（例如未佩戴口罩等）。		用餐环境及空间安排适宜，餐桌消毒工作到位。		进餐前做好彻底的餐桌清洁卫生工作，提供适宜的餐具，分餐人员全程做好个人卫生工作且操作规范。		
69. 氛围	进餐氛围紧张压抑，教师不停催促幼儿。		进餐氛围愉悦，允许幼儿轻声交谈，不催促幼儿，照顾幼儿吃饭。		准备舒缓、轻柔的音乐，营造轻松愉悦的用餐氛围；细心照顾有特殊需要的幼儿，指导和帮助幼儿养成良好的用餐习惯；能够根据幼儿的特殊需要调整膳食。		
70. 食物和餐具	没有按照“三餐两点”的标准为幼儿提供餐点；当日提供饮食与食谱不符；为幼儿准备的食物或餐具不便于幼儿进食或使用。		能够根据幼儿的年龄特点，提供适宜的食物（例如小班幼儿食物切小块）；为幼儿准备适宜的餐具；食物温度适宜。		能够根据幼儿身体状况的特殊需要调整膳食（例如为特殊体质的幼儿提供适宜的食物等）；能够根据幼儿的能力和需要准备适宜、方便使用的餐具（例如中班幼儿使用筷子初期，教师能为其平稳过渡准备适宜的工具）。		

（续表）

指标	等级					自评	他评
	不适宜 1	及格 2	一般 3	良好 4	优秀 5		
71. 卫生	教师没有组织餐前洗手，幼儿没有餐后的漱口、擦嘴等习惯。		教师有组织餐前洗手，幼儿在教师的提醒与指导下能完成漱口、擦嘴等。		幼儿能自觉、有序地进行餐前洗手等准备工作，教师能提供适宜的清洁工具，支持幼儿进行餐后清洁工作，餐后幼儿能用正确的方法自觉漱口、擦嘴等。		
72. 餐后活动	没有组织餐后活动。		有组织餐后活动。		有组织适宜的餐后活动，如散步、阅读等。		

（四）饮水

指标	等级					自评	他评
	不适宜 1	及格 2	一般 3	良好 4	优秀 5		
73. 环境	没有固定的饮水位置，饮水空间规划不合理；饮水设备、饮水用具不卫生，存在安全隐患，如饮用水温度过高、设备存在破损等。		饮水空间位置基本合理，饮水机摆放高度适宜，方便幼儿取水。		饮水空间位置规划合理，提供适宜的饮水设备及用具，安全卫生，有消毒、检测记录，在户外也有能够为幼儿提供饮水的地方和设备；支持幼儿对自己的饮水量进行适当的记录。		
74. 饮水习惯	没有固定的饮水时间，幼儿的饮水量严重不足。		有固定的饮水时间，并在固定时间内提醒幼儿饮水，保证幼儿的饮水量充足（每天上午、下午各1~2次集中饮水，每次100~150毫升）。		除固定时间外，允许幼儿随渴随饮，并根据季节酌情调整饮水量。		

（五）盥洗

指标	等级					自评	他评
	不适宜 1	及格 2	一般 3	良好 4	优秀 5		
75. 环境	盥洗室密闭、异味大，地面湿滑，存在安全隐患；没有足够数量的水龙头、洗手盆[①]，幼儿盥洗出现排队、拥堵的现象；环境中无盥洗图片，幼儿无法从环境中获得去盥洗室的指引、提示。		盥洗室通风、无异味，地面干爽；水龙头数量能满足班级分组进行盥洗。		盥洗室内通风无异味，地面干爽，摆放有绿植、手工艺品、绘画作品等；水龙头、洗手盆数量充足；洗手盆前张贴儿童化的洗手步骤图、图文并茂的用水注意事项，能较好地指导幼儿掌握盥洗的方法。		
76. 洗手	在多个环节忽视洗手的组织和指导，如幼儿饭前便后未洗手或者未正确洗手，教师未关注或者发现了未进行指导。		饭前便后、活动前后均有组织幼儿分批、有序洗手，教师站位合理，指导幼儿卷衣袖、洗手。		饭前便后、活动前后均有组织幼儿分批、有序洗手，允许幼儿有需要随时洗手，能依据不同年龄和能力的需要指导幼儿洗手，（例如小班教师和幼儿一起洗手，直接示范洗手方法，秋冬季节或者幼儿洗手困难时，教师帮助涂抹护手霜、挽袖子等）。		
77. 洗脸	餐后或者幼儿有需要时未组织洗脸，或者未提供洗脸毛巾。		在餐后或者幼儿有需要时能提供干净、卫生的毛巾，组织幼儿洗脸，但教师缺乏对幼儿的跟进指导。		关注幼儿的洗脸情况，指导幼儿正确的洗脸方法和自我检查的方法。秋冬季节提供润肤霜，并指导幼儿正确涂抹。		
78. 梳头	未提供镜子、幼儿专用的梳子以及发饰盒/袋，午睡前未组织幼儿拆散头发，午睡后未组织幼儿梳头发。		提供镜子、幼儿专用的梳子以及发饰盒，午睡前组织幼儿拆散头发，午睡后帮助幼儿梳头发。		梳头工具齐全，经常清洗、保持干净，且为幼儿专用；教师给幼儿拆散头发、梳头发时力度适宜，能根据幼儿的年龄特点给予适当的指导和帮助。		

① 30个幼儿的班级，教室要配备6个以上的洗手盆或水龙头。

（续表）

指标	等级					自评	他评
	不适宜 1	及格 2	一般 3	良好 4	优秀 5		
79. 如厕	没有进行男女分隔，强制幼儿如厕，不允许幼儿根据需要随时如厕。		厕所有进行男女分隔，活动前后组织幼儿分批如厕，不强制幼儿如厕，允许幼儿有需要及时如厕；能够指导、帮助幼儿按正确的方法穿脱裤子和擦屁股；指导幼儿用厕纸。		能够根据幼儿年龄、个体差异的不同，在环境、材料、方法上对幼儿如厕提供适宜的帮助和指导，如小班教师通过张贴指引，帮助幼儿如厕时找准位置等；如厕时开展随机教育，帮助幼儿认识男女性别的不同，以及培养幼儿保护个人隐私的意识等。		

（六）睡眠

指标	等级					自评	他评
	不适宜 1	及格 2	一般 3	良好 4	优秀 5		
80. 睡前活动	未组织睡前活动，如饭后直接午睡。		有组织午睡前的各项准备活动，如盥洗、午检、整理等。		根据幼儿年龄特点与个体差异，指导幼儿整理好自己的床铺、衣物并有序进行盥洗后，午检，关注身体不适的幼儿的状态。		
81. 环境	午睡环境不符合卫生健康的要求（例如环境不通风、温度不适宜、床位拥挤、床褥较脏等）。		午睡环境通风良好、温度适宜、卫生清洁，床的高度与长度合适①，睡具独立，床褥干净整洁。		营造安静、舒适、温馨的午睡环境，播放睡前故事或轻音乐，光线、温度适宜，空间合理，床褥之间最少保持两个拳头大小的距离。		

① 床的高度离地 35 cm，长度 120 cm。

（续表）

指标	等级					自评	他评
	不适宜 1	及格 2	一般 3	良好 4	优秀 5		
82. **看护**	幼儿午睡时基本没有成人照看，或者有成人在场，但不注意观察幼儿的睡眠情况；无午睡交接班记录。		午睡期间至少有一位成人在现场看护，能够巡视幼儿的睡眠情况；有午睡交接班记录。		看护时位置合理，所有幼儿均在视线范围内，采用环视的方式观察幼儿，每隔15分钟巡视一次；能够温柔地哄睡幼儿，针对个体差异提供适宜的照顾（例如温柔唤醒易遗尿幼儿，允许不睡觉的幼儿进行安静活动等）；午睡交接班记录仔细、完整。		
83. **起床**	唤醒方式不适宜，如大声叫醒幼儿；不注重培养幼儿的生活自理能力，如包办幼儿的穿衣、整理床铺等工作。		采用适中的音量唤醒幼儿；提醒和指导幼儿穿衣服、鞋袜与整理床铺。		播放轻柔的音乐或者温柔地唤醒幼儿，引导幼儿有序地起床；根据幼儿的年龄特点和能力水平进行自理能力的培养，如鼓励大班幼儿自己扣扣子，鼓励小班幼儿自己穿衣服；组织先完成起床活动的幼儿进行小律动，帮助幼儿过渡到下一活动。		

（七）离园

指标	等级					自评	他评
	不适宜 1	及格 2	一般 3	良好 4	优秀 5		
84. **离园活动**	离园准备不充分、无秩序，教师之间分工不合理，让幼儿过早整理，没有安排离园活动，消极等待；常常疏忽对幼儿的照看。		离园时间把握恰当，指导幼儿整理仪表，提醒幼儿携带好自己的物品并组织幼儿离园前进行适宜的活动（例如易收拾、可随时中断的活动），避免长时间消极等待；教师能照看大部分幼儿，家长接送幼儿安全有序。		教师之间合理分工，组织符合幼儿的年龄特点及发展水平的离园活动（例如鼓励幼儿离园前参与整理班级环境，进行安全教育）；接送环节安全有序，幼儿热情主动地和教师、小朋友道别，愉快离园。		

（续表）

指标	等级					自评	他评
	不适宜 1	及格 2	一般 3	良好 4	优秀 5		
85. **离园沟通**	对家长的问题敷衍了事，态度冷漠；或者与家长的沟通时间不适宜，如大量家长等待时与一位家长长时间沟通。		主动与家长进行简短而有效的交流，沟通幼儿在园的情况。		积极询问幼儿在家的情况，妥善处理有进一步沟通需求的家长的问题，进行良好的家园互动；在特殊时期（例如疫情期间），采用灵活有效的方式与家长沟通。		

（八）过渡环节

指标	等级					自评	他评
	不适宜 1	及格 2	一般 3	良好 4	优秀 5		
86. **衔接、组织**	未组织过渡活动或组织不恰当，秩序混乱（例如幼儿消极等待）。		有组织过渡活动，做一些简单的游戏，衔接自然。		过渡活动的内容和性质合理，符合幼儿的年龄特点，尊重幼儿的差异与个体需求，在活动之间能起到承上启下的作用。		

七、体育活动[①]的组织与实施

（一）体育集体活动

指标	等级					自评	他评
	不适宜 1	及格 2	一般 3	良好 4	优秀 5		
87. 空间场地	空间小，地面及周边存在安全隐患，不适宜开展体育集体活动。		空间大小适宜，地面及周边环境基本符合活动的实际需要，能支持开展体育集体活动。		空间场地宽敞，地面及周边环境安全且适宜，能够根据活动的内容选择适宜的活动场地，满足集体活动的需要。		
88. 活动组织	活动的内容超出或低于幼儿发展水平，活动形式单一刻板，不符合幼儿的年龄特点和个体需求（例如要求幼儿进行集体训练或竞技比赛）；运动量不能够满足幼儿身体生长发育的需要。		活动的内容符合幼儿发展水平，以游戏的形式开展活动；活动能锻炼幼儿的身体素质，满足幼儿身体生长发育的需要。		关注幼儿的个体需求，并加以适当的指导（例如注意纠正幼儿不正确的体态和动作）；鼓励幼儿积极探索和分享交流，肯定幼儿的努力和积极参与的态度；活动的运动量设计适宜，能够充分锻炼幼儿的动作能力，促进幼儿运动能力的发展。		

（二）自选活动

指标	等级					自评	他评
	不适宜 1	及格 2	一般 3	良好 4	优秀 5		
89. 计划	教师没有组织自选活动计划的环节。		教师有引导幼儿进行自选活动的计划。		教师能够根据幼儿的个体差异，指引幼儿进行自选活动的计划，并进行个别指导；幼儿能够自信、大胆地表达自己的观点。		

① 体育活动主要指在运动场地上，通过器械运动、利用自然因素进行锻炼、操节等形式开展的日常运动。体育活动能增强幼儿的运动能力和环境适应能力，是幼儿形成健康体魄、愉快情绪的重要途径。

（续表）

指标	等级					自评	他评
	不适宜 1	及格 2	一般 3	良好 4	优秀 5		
90. **准备**	师幼着装不便于运动；教师在活动前没有检查场地与器械的安全。		师幼着装便于运动；能遵守活动规则；教师活动前有检查场地与器械安全。		师幼着装便于运动，有做好运动准备；与幼儿共同建立活动规则，教会幼儿保护自我；器材有专人定期检查维修和清洁消毒。		
91. **教师分工**	保教人员之间分工不明确，几乎没有合作交流；站位不合理，部分幼儿不在视线范围内。		保教人员之间分工基本明确，配合较好；全部幼儿都在视线范围内活动。		保教人员之间分工明确，合作默契；发现问题时能够互相协助；站位合理。		
92. **观察与指导**	不观察幼儿的运动情况，很少对幼儿的积极行为做出回应，经常忽视幼儿的进步。		有观察幼儿的运动情况，能关注到多数幼儿的积极行为并能及时给予肯定和指导；有指导幼儿收拾器材，整理活动场地。		有关注幼儿的个体需求，并加以适当的指导；有观察幼儿的运动情况，及时发现、欣赏和肯定幼儿的努力和成功之处。		
93. **评价与分享**	没有组织评价与分享活动。		有组织评价与分享的活动，教师在活动中能倾听幼儿，鼓励幼儿大方、主动发言。		在评价与分享活动中，以幼儿的分享为主，教师能够进行恰当的指导，使用启发式的提问等方式支持幼儿对之前的活动进行回顾反思，激发幼儿之间的互动交流。		

（三）操节

指标	等级					自评	他评
	不适宜 1	及格 2	一般 3	良好 4	优秀 5		
94. 编排	操节编排[①]不科学、不合理，不符合幼儿年龄特点和动作发展特点。		操节编排基本科学、合理，基本符合幼儿年龄特点和动作发展特点[②]。		操节编排科学、合理，符合幼儿年龄特点和动作发展特点。		
95. 活动状态	教师带操态度消极，任由多数幼儿走动，出现幼儿自行玩闹现象。		教师情绪饱满、充沛，带领幼儿做操，动作到位，节拍正确；能有序地组织幼儿离场。		教师情绪高涨，有亲和力，示范动作到位、有力，节奏感强，能感染并带动幼儿积极参加早操锻炼；能有序地组织幼儿离场，指导幼儿收拾整理器械。		
96. 个别指导	教师未能关注和指导幼儿做操，站在一旁无所事事。		教师能观察幼儿做操，并进行个别的指导。		教师能根据幼儿的个体差异进行指导，指令清晰准确，指导后幼儿情绪或动作有所改善。		

① 幼儿园早操的编排一般是三段式结构，主要分为准备部分、运动部分和放松部分，包括热身、队列练习、操节、体能活动（基本动作训练、游戏）和放松活动五个环节。

② 小班：早操宜简单、易学和富有趣味性。中班：动作统一、规范和整齐。大班：明快活泼，动作有一些变化。操节编排必须遵循人体运动生理规则，运动量由小到大，逐步上升，动作由慢到快，由易到难。操节顺序：踏步—头部—扩胸—体侧屈—体转—踢腿—腹背—全身—跳跃—整理。小班以模仿操和徒手操为主，中、大班以徒手操和轻器械操为主。小班 6 个运动小节，中班 6~8 个运动小节，大班 8~10 个运动小节。早操时长为小班 8~10 分钟，中班 10~12 分钟，大班 12~15 分钟。

八、自主游戏活动[①]的支持与指导

（一）自主活动环境

指标	等级					自评	他评
	不适宜 1	及格 2	一般 3	良好 4	优秀 5		
97. 空间利用	区域划分不合理，有的区域太大或者太小；开展区域活动时要么有空间未能利用，要么空间不能满足幼儿入区活动要求。		区域划分基本合理，幼儿在区域内开展活动能互不干扰。		能根据活动室的空间特点进行区域划分，空间利用合理，位置得当，能充分支持幼儿开展区域活动。		
98. 区域数量	没有划分活动区域，或活动区域数量少于3个。		至少划分有6个活动区（角色游戏区、积木建构区、益智游戏区、阅读区、美工活动区、自然探索区）。		除6个基本活动区域外，还设立有“本土文化区”（可以融入其他区域），注重弘扬本土文化。		

（二）自主活动材料

指标	等级					自评	他评
	不适宜 1	及格 2	一般 3	良好 4	优秀 5		
99. 材料使用	幼儿不能自主、自由地选择和使用游戏材料（例如教师按自己的意愿把材料分发给幼儿或只开放个别区域）。		幼儿每天至少有30分钟可以自由使用4个以上活动区的材料。		幼儿每天有1小时自由使用材料的区域活动时间（包括游戏时间、总结时间），并且所有活动区的材料都向幼儿开放。		
100. 幼儿活动状态	多数幼儿无所事事、随意走动，或幼儿因不熟悉材料使用方法和玩法，频繁更换、摆弄玩具和材料。		大多数幼儿在教师的引导下能够专注地探究玩具和游戏材料；幼儿在操作材料的过程中，有一定的目的性。		在教师的引导下，绝大多数幼儿能够熟悉并创造性地使用材料，有目的、有计划地探索与发现问题，遇到问题能够积极探索、创造性地解决。		

① 自主游戏活动是指幼儿在游戏情境中根据自己的兴趣和需要，以快乐和满足为目的，自由选择、自主展开、自发交流的积极主动的活动过程。自主游戏活动能够满足幼儿的个体需要，促进幼儿在自发、自主、自由的活动中发展想象力、创造力、交往合作能力及提升好奇探究的品质。

（续表）

指标	等级					自评	他评
	不适宜 1	及格 2	一般 3	良好 4	优秀 5		
101. 材料存放	玩具和材料没有分类整理，摆放杂乱无序，缺少标签标记，摆放方式不易于幼儿独立取放或存放方式不便于材料的保存和长期使用（例如玩具柜/架过高，幼儿够不到，或多筐玩具堆叠在一起）。		材料有分类存放，且存放方式便于幼儿独立取放和选择（例如用开放性的托盘或篮子存放玩具和游戏材料），户外的材料能做好防护。		材料能分类存放，存放方式既便于幼儿独立取放和选择（例如美工区的材料和工具分类摆放），同时也能够对材料起到防护的作用（例如对户外的材料做好防水、防晒等），并有符合幼儿年龄的标签标记（例如实物、照片、符号、文字）。		
102. 材料更换	长时间不更换材料（例如活动区的材料每个学期投放一次，学期中从不更换）。		更换部分活动区的部分材料（每个月至少更换 2～3 个区域的材料，并每次更换材料不少于 1/3）。		能够根据幼儿的兴趣和需要，或课程的进度以及开展的主题活动，一学期更换 3 次活动区的材料。		

（三）观察指导与评价

指标	等级					自评	他评
	不适宜 1	及格 2	一般 3	良好 4	优秀 5		
103. 计划	游戏活动没有计划环节，或者计划环节内教师直接指定幼儿在某个区域活动。		教师能提供材料和环境支持幼儿制订计划，并倾听幼儿的计划，但仅能关注到个别幼儿制订的计划。		教师能够创设环境和机会支持每个幼儿表达自己的计划，认真倾听每个幼儿制订的计划。		
104. 教师关注	教师在活动中不关注幼儿的操作和游戏，只是进行巡视或者维持秩序。		教师能关注大部分幼儿的操作，既有广角观察又有聚焦观察。		教师之间有效分工，能兼顾观察到全部幼儿的操作，并关注到幼儿在操作中的困难和新的发现。		

（续表）

指标	等级					自评	他评
	不适宜 1	及格 2	一般 3	良好 4	优秀 5		
105. **介入时机与方法**	教师的介入方式较为单一，采用直接告知或命令等方式，或者急于介入，没有给幼儿操作探索的机会。		教师能使用2~3种介入方式，介入时机恰当，不会影响幼儿的自主探究行为。		教师能运用平行游戏、询问、示范、协商、合作等多种方式介入幼儿的游戏，教师的介入行为能够有效地帮助幼儿解决问题并持续进行游戏。		
106. **介入效果**	教师的介入导致幼儿游戏中断，或使幼儿放弃当前的操作材料。		教师的介入帮助幼儿解决当前的难题，保证游戏顺利进行。		教师的介入有效地帮助幼儿解决当前面临的困难，启发幼儿思考，这种有益的经验和策略能为幼儿以后的游戏提供支持。		
107. **分享与评价**	没有总结与分享活动或者活动流于形式。		只有一半左右的幼儿参与了分享活动，分享形式比较单一，大多是幼儿说，其他人听。		大部分幼儿都能参与分享活动，分享环节有幼儿作品、照片或视频等支持，教师能鼓励幼儿之间互评，并能做出有效的引导；活动分享中教师能够通过问题引导，提升幼儿的游戏经验。		

九、学习活动[①]的组织与实施

（一）活动准备

指标	等级					自评	他评
	不适宜 1	及格 2	一般 3	良好 4	优秀 5		
108. 活动设计	教学活动设计不符合幼儿的年龄特点，低于或高于幼儿的能力水平；活动的组织形式与幼儿的学习特点和方式不相符；活动内容脱离幼儿的生活。		活动的目标、内容和方式基本符合幼儿的年龄特点与能力水平；鼓励幼儿通过亲身体验、实际操作和直接感知进行学习。		活动的设计基于幼儿已有的经验并能够提升幼儿的经验水平；活动的教法、学法符合幼儿的年龄特点，活动设计充分尊重幼儿的积极性与主动性。		
109. 物质准备	环境准备不适宜活动的开展，存在安全隐患或与活动内容不相符的情况，活动材料不符合幼儿的活动需要，不能激发幼儿的兴趣与探究。		活动材料及环境准备基本满足幼儿的活动需要，能支持幼儿顺利开展学习活动。		活动材料及环境准备充分适宜，能够结合当地自然资源或本土文化资源，有利于激发幼儿兴趣与深度探究。		
110. 教师分工	教师之间分工不明确，没有沟通与配合，幼儿活动秩序混乱；极少或没有对幼儿学习与发展方面的信息进行交流。		教师之间分工基本明确，配合较好，能关注大部分幼儿的活动情况；能够交流幼儿学习与发展方面的信息，做出相应的调整。		教师之间分工明确，配合默契；站位合理，能关注每个幼儿的活动情况，并能够及时沟通与反馈幼儿的情况。		

① 学习活动是指教师采用游戏、谈话、实验、操作、实地参观、听赏、表演等多种方式，有目的、有计划地引导幼儿通过直接感知、实际操作和亲身体验获取经验，帮助幼儿逐步养成积极主动、认真专注、敢于探究和尝试、乐于想象和创造等良好学习品质。教师通过集体、小组和个别学习的方式组织学习活动。

（二）活动实施

指标	等级					自评	他评
	不适宜 1	及格 2	一般 3	良好 4	优秀 5		
111. 活动氛围	活动氛围沉闷或紧张，教师教态严肃、拘谨；语言表达不清晰；大多是教师自己讲话，幼儿没有表达的机会。		教师能营造轻松和谐的活动氛围，语言表达清晰，易于幼儿理解；能与幼儿进行基本的互动（语言或肢体），调动幼儿参与活动的主动性和积极性。		教师态度亲切自然，语言表达清晰、准确、规范，提问具有开放性和启发性；能积极与幼儿进行互动，调动幼儿多种感官参与，使其主动思考与大胆想象；教师能进行恰当地回应，丰富幼儿的语言。		
112. 组织方式	组织方式不符合幼儿的学习特点，教师以说教为主，不能激发幼儿主动参与或探索思考的积极性，幼儿处于消极被动的状态。		组织方式基本符合幼儿的学习特点，幼儿有自主操作的机会。		组织方式符合幼儿的学习特点，能合理运用集体、小组和个别的组织方式；能采用游戏、谈话、实验、操作等多种学习方式，激发幼儿主动思考、深度探索、表达愿望的积极性。		
113. 个别关注	不关注幼儿的学习、情绪状态，或只关注幼儿的纪律常规，如必须坐好、不许说话等。		既能关注整体，又能关注每个幼儿的活动状态，且能关注到幼儿在学习活动中的兴趣和需要。		理解幼儿的想法，并能对幼儿的学习需要给予准确的回应与支持。		
114. 时间安排	活动时间安排过长，幼儿在活动中因时间过长出现疲惫、不专注等状态；或活动时间太短，匆匆走过场。		活动时间的安排基本符合该年龄段幼儿的学习特点。		能依据幼儿活动中的真实需求，安排符合不同年龄段幼儿学习特点的活动时间（如集体教学活动适宜时间为小班 15~20 分钟、中班 20~25 分钟、大班 25~30 分钟）。		
115. 常规培养	不关注幼儿行为规则的培养，幼儿没有在集体中倾听与有序表达的习惯和意识，呈现混乱或极端安静的情况。		能关注幼儿在学习活动中的常规培养，从小班开始有意识地培养幼儿做好幼小衔接中的学习准备，关注幼儿在活动中的规则意识和学习品质，大部分幼儿呈现自觉、自主的活动状态。		教师能用适宜的方式帮助幼儿理解和认同规则，并自觉遵守规则；大部分幼儿在活动中能够表现出专注、认真等良好的学习品质。		

（续表）

指标	等级					自评	他评
	不适宜 1	及格 2	一般 3	良好 4	优秀 5		
116. **领域渗透**	五大领域的学习内容完全割裂，不注意领域之间的渗透安排。		在学习活动的设计和组织上，有不同领域内容的渗透融合。		不同领域之间的渗透安排科学合理、过渡自然，有助于幼儿从不同视角对学习内容进行感受，有更加深刻的理解。		

（三）活动评价

指标	等级					自评	他评
	不适宜 1	及格 2	一般 3	良好 4	优秀 5		
117. **评价主体**	评价主体多为教师，未见幼儿自主的表达。		允许幼儿有自主意愿的表达，部分幼儿参与评价。		尊重幼儿的主体地位，鼓励幼儿充分表达；有教师评价、幼儿自评、幼儿互评等多角度的评价。		
118. **评价方式**	评价方式单一，多为完成教学环节的总结性评价。		注重过程性评价，能结合幼儿的随堂表现、作品等进行评价。		能够采用多种方式进行评价，既有针对幼儿个体进行的过程性评价，也有针对活动进行的总结性评价。		
119. **评价内容**	评价内容单一，只是关注纪律，未能关注幼儿的情绪状态、积极性等。		评价内容包含幼儿的兴趣、积极性、活动状态等方面。		能结合幼儿的个体差异及当下发展的水平与需要进行评价。		
120. **评价有效性**	评价无效，不能促进幼儿的发展。		评价能够关注到幼儿的个体差异，帮助幼儿提升经验。		评价能够帮助幼儿在遇到同类型问题时，进行经验的迁移，从而提升幼儿实际运用的能力。		

评分表

幼儿园名称________________　　　　园所等级______________

办园性质：1. 教育部门办　2. 其他机关部门办　3. 国企办　4. 事业单位办　5. 集体办（街道办、村办）

6. 学校附设园（班）　7. 民办园（普惠性、非普惠性）

班级________　注册幼儿数________　实到幼儿数________　教师配备________

被评主班教师姓名________　教龄________　年龄________　第一学历________　最后学历________

评估人员姓名________　考核时间________

被评配班教师姓名________　教龄________　年龄________　第一学历________　最后学历________

评估人员姓名________　考核时间________

被评保育教师姓名________　教龄________　年龄________　第一学历________　最后学历________

评估人员姓名________　考核时间________

子量表一　事业管理与发展

（一）事业管理

指标	等级					评价依据
	不适宜 1	及格 2	一般 3	良好 4	优秀 5	
1. 办园方向						
2. 园所规划						
3. 制度与执行						
4. 财务与收费						
5. 档案管理						
6. 先进性						

（二）园所发展与特色

指标	等级					评价依据
	不适宜 1	及格 2	一般 3	良好 4	优秀 5	
7. 教研科研						
8. 特色与示范						

（三）家长与社区工作

指标	等级					评价依据
	不适宜 1	及格 2	一般 3	良好 4	优秀 5	
9~10. 家长与社区工作						

子量表二 规模与师幼比

（一）园所规模

指标	等级					评价依据
	不适宜 1	及格 2	一般 3	良好 4	优秀 5	
11. 园所规模						

（二）班级人数与师幼比

指标	等级					评价依据
	不适宜 1	及格 2	一般 3	良好 4	优秀 5	
12. 班级人数						
13～14. 师幼比						

子量表三　教师队伍建设

（一）教师队伍结构

指标	等级					评价依据
	不适宜 1	及格 2	一般 3	良好 4	优秀 5	
15. 园长配备						
16. 专任教师学历						
17. 岗位任职						

（二）教师福利待遇

指标	等级					评价依据
	不适宜 1	及格 2	一般 3	良好 4	优秀 5	
18. 园长						
19. 专任教师						
20. 其他教辅人员						

（三）教师队伍建设

指标	等级					评价依据
	不适宜 1	及格 2	一般 3	良好 4	优秀 5	
21. 队伍结构						
22. 队伍稳定性						
23. 教师培训与发展						
24. 师德建设						

子量表四　安全保健卫生与膳食管理

（一）安全及膳食管理

指标	等级					评价依据
	不适宜 1	及格 2	一般 3	良好 4	优秀 5	
25．安全管理						
26．膳食管理						

（二）保健卫生与幼儿身体发展

指标	等级					评价依据
	不适宜 1	及格 2	一般 3	良好 4	优秀 5	
27．卫生预防						
28．幼儿身体发展						

子量表五　环境创设与利用

（一）公共环境

指标	等级					评价依据
	不适宜 1	及格 2	一般 3	良好 4	优秀 5	
29. 空间布局与安全						
30. 阳光与遮阳						
31. 地面						
32. 区域与划分						
33. 材料						
34. 器械安全						
35. 专业资料						
36. 谈话空间						
37. 卫生间						

（二）班级物质环境

指标	等级					评价依据
	不适宜 1	及格 2	一般 3	良好 4	优秀 5	
38. 安全						
39. 空间大小						
40. 家具						
41. 采光						
42. 阅读区						
43. 益智游戏区						
44. 美工活动区						
45. 积木建构区						
46. 角色游戏区						
47. 自然探索区						
48. 主题墙						
49. 学习轨迹						
50. 作品展示与美感						
51. 材料安全与消毒卫生						
52. 整洁						

（三）班级心理环境

指标	等级					评价依据
	不适宜 1	及格 2	一般 3	良好 4	优秀 5	
53. 班级氛围						
54. 随机教育						
55. 情绪引导						
56. 分享与合作						
57. 归属感						
58. 尊重						

子量表六　生活活动的组织与实施

（一）作息制度

指标	等级					评价依据
	不适宜 1	及格 2	一般 3	良好 4	优秀 5	
59. 一日生活作息						
60. 组织形式						
61. 习惯培养						
62. 安全看护与教育						

（二）入园

指标	等级					评价依据
	不适宜 1	及格 2	一般 3	良好 4	优秀 5	
63. 入园准备						
64. 晨接						
65. 二次晨检						

（三）进餐

指标	等级					评价依据
	不适宜 1	及格 2	一般 3	良好 4	优秀 5	
66. 餐前活动						
67. 取餐						
68. 环境						
69. 氛围						
70. 食物和餐具						
71. 卫生						
72. 餐后活动						

（四）饮水

指标	等级					评价依据
	不适宜 1	及格 2	一般 3	良好 4	优秀 5	
73. 环境						
74. 饮水习惯						

（五）盥洗

指标	等级					评价依据
	不适宜 1	及格 2	一般 3	良好 4	优秀 5	
75. 环境						
76. 洗手						
77. 洗脸						
78. 梳头						
79. 如厕						

（六）睡眠

指标	等级					评价依据
	不适宜 1	及格 2	一般 3	良好 4	优秀 5	
80. 睡前活动						
81. 环境						
82. 看护						
83. 起床						

（七）离园

指标	等级					评价依据
	不适宜 1	及格 2	一般 3	良好 4	优秀 5	
84. 离园活动						
85. 离园沟通						

（八）过渡环节

指标	等级					评价依据
	不适宜 1	及格 2	一般 3	良好 4	优秀 5	
86. 衔接、组织						

子量表七　体育活动的组织与实施

（一）体育集体活动

指标	等级					评价依据
	不适宜 1	及格 2	一般 3	良好 4	优秀 5	
87. 空间场地						
88. 活动组织						

（二）自选活动

指标	等级					评价依据
	不适宜 1	及格 2	一般 3	良好 4	优秀 5	
89. 计划						
90. 准备						
91. 教师分工						
92. 观察与指导						
93. 评价与分享						

（三）操节

指标	等级					评价依据
	不适宜 1	及格 2	一般 3	良好 4	优秀 5	
94. 编排						
95. 活动状态						
96. 个别指导						

子量表八　自主游戏活动的支持与指导

（一）自主活动环境

指标	等级					评价依据
	不适宜 1	及格 2	一般 3	良好 4	优秀 5	
97. 空间利用						
98. 区域数量						

（二）自主活动材料

指标	等级					评价依据
	不适宜 1	及格 2	一般 3	良好 4	优秀 5	
99. 材料使用						
100. 幼儿活动状态						
101. 材料存放						
102. 材料更换						

（三）观察指导与评价

主班教师

指标	等级					评价依据
	不适宜 1	及格 2	一般 3	良好 4	优秀 5	
103-1. 计划						
104-1. 教师关注						
105-1. 介入时机与方法						
106-1. 介入效果						
107-1. 分享与评价						

配班教师

指标	等级					评价依据
	不适宜 1	及格 2	一般 3	良好 4	优秀 5	
103-2. 计划						
104-2. 教师关注						
105-2. 介入时机与方法						
106-2. 介入效果						
107-2. 分享与评价						

子量表九 学习活动的组织与实施

主班教师

（一）活动准备

指标	等级					评价依据
	不适宜 1	及格 2	一般 3	良好 4	优秀 5	
108-1. 活动设计						
109-1. 物质准备						
110-1. 教师分工						

（二）活动实施

指标	等级					评价依据
	不适宜 1	及格 2	一般 3	良好 4	优秀 5	
111-1. 活动氛围						
112-1. 组织方式						
113-1. 个别关注						
114-1. 时间安排						
115-1. 常规培养						
116-1. 领域渗透						

（三）活动评价

指标	等级					评价依据
	不适宜 1	及格 2	一般 3	良好 4	优秀 5	
117-1. 评价主体						
118-1. 评价方式						
119-1. 评价内容						
120-1. 评价有效性						

配班教师

（一）活动准备

指标	等级					评价依据
	不适宜 1	及格 2	一般 3	良好 4	优秀 5	
108-2. 活动设计						
109-2. 物质准备						
110-2. 教师分工						

（二）活动实施

指标	等级					评价依据
	不适宜 1	及格 2	一般 3	良好 4	优秀 5	
111-2. 活动氛围						
112-2. 组织方式						
113-2. 个别关注						
114-2. 时间安排						
115-2. 常规培养						
116-2. 领域渗透						

（三）活动评价

指标	等级					评价依据
	不适宜 1	及格 2	一般 3	良好 4	优秀 5	
117-2. 评价主体						
118-2. 评价方式						
119-2. 评价内容						
120-2. 评价有效性						